나를
만나는

500개의
계단 Q&A

필자가 대학에서 강의를 하던 시절이었다. 자기소개서
를 써야 하는 시간이었는데, 상당히 많은 학생들이 난감
해했다. 내가 무엇을 좋아하고, 무엇을 잘하고, 나 자신
에 대해 어떤 표현을 해야 하는지, 책상 위에 놓인 하얀
종이처럼 그들의 머릿속도 하얗게 된 것 같았다.

진로에 관한 강의를 할 때, 나와 마주하는 학생들의 고
민은 거의 비슷했다.
자신이 무엇을 좋아하는지, 정말이지 잘 모르겠다는 것
이었다. 생각보다 많은 친구들이 이러한 대답을 해왔고,
나는 그때마다 자신이 어떤 것을 좋아하는지 아무런 제

약이 없으니 그냥 생각나는 대로 최대한 많이 적어오라
고 과제를 제시했다.

충분한 시간을 주었음에도 불구하고 100가지를 채워
내는 친구들은 그리 많지 않았다. 서른 가지를 겨우겨우
채워 내는 친구들이 다반사였고, 어떤 친구는 〈먹는 것,
노는 것, 자는 것〉이라고 써서 낸 경우도 있다.

하루에도 수십 번씩 마주치는 것이 나 자신이다. 거울
에서도 사진에서도 내 이름에서도…. 늘 마주치는 것이
나이다. 그런데 막상 자신에게 〈당신은 누구세요?〉라고
물으면, 당황해버린다. 아…. 그러니까 나는 누구지? 무
엇을 말해야 하지? 사는 곳을 말해야 할까? 하는 일을
말해야 할까? 그리고 그렇게 말하면 그게 나일까?

직장인들에게 그들의 일의 한 분야에 대해 설명하라고
한다면, 내가 나를 표현하는 것보다 더 쉽게 설명을 할
지도 모른다. 일에 관해서라면 설명을 한 시간 넘게 해
도 막힘없이 술술 풀어나갈 수도 있을 것이다.

태어나서 지금까지 수많은 시간을 함께해온 나.
나는 도대체 누구이며, 어떤 존재일까?

이러한 질문에 대답하는 것은 쉽지가 않다. 왜냐하면 나는 너무나도 다양한 모습을 가지고 있기 때문이다. 사람마다 나를 보는 눈이 다르고, 가정에서의 나, 밖에서의 내가 모두가 다르다. 그래서 더욱이 나도 나를 모르겠고, 혼란스러우며 답답해하는 것이다.

이에 필자는 이 책을 마주한 당신에게 찬찬히 500가지의 질문을 던지려 한다. 아주 간단한 질문에서부터 심오한 질문까지.
질문과 함께 호흡하며, 나를 만나러 가보자.

이 책은 질문 아래에 직접 답을 쓸 수 있도록 되어 있다. 글은 말의 힘보다 강하다. 단순히 내 생각을 머릿속에서만 두는 것이 아니라, 그것을 말로 내뱉고, 또 글로 정리할 때 훨씬 더 깊이 있는 나 자신을 만날 수 있을 것이다.

드라마 「도깨비」의 한 대사에 이런 말이 있다.

〈너의 삶은 너의 선택만이 정답이다.〉

이 책은 정답이 없다. 또한 오답도 없다.

번호가 기재되어 있지만, 이 책은 순서가 있는 책은 아니다.

그냥 내 마음이 내키는 질문부터 대답해도 상관없다.

기한도 정해진 시간도 없지만, 필자는 아무에게도 방해받지 않는 공간에 따뜻한 차와 여유로운 시간이 함께 할 때 이 질문에 답하기를 조심스럽게 바라는 마음이다.

무언가를 끝까지 한다는 것은 결코 쉬운 일이 아니다.

책 한 권을 끝까지 읽는 것도, 더군다나 하나하나 내가 대답하며 책 한 권을 완성한다는 것은 정말 대단한 일이 아닐 수 없다.

나를 많이 사랑하기에 이 책에 끌렸던 당신께 이 책을 바치면서, 이 책이 부디 당신의 인생에 또 하나의 빛이 되기를 간절히 희망해본다.

목
차

prologue   2p

60p

2장

머무름의 계단

현재의 나와

마주하는 계단

12p

1장

회상의 계단

과거의 나와

마주하는 계단

8p

이 책을

좀 더 효과적으로

활용하는 방법

218p

5장

도약의 계단

내일의 나와

마주하는 계단

172p

4장

진실의 계단

진실된 나와

마주하는 계단

142p

3장

그림자의 계단

숨어 있는 나와

마주하는 계단

epilogue   280p

<이 책을 좀 더 효과적으로 활용하는 방법>

■ 한 문항에 꼭 하나의 대답을 해야 하는 것은 아닙니다. 생각이 떠오른 것은 나름대로 다 이유가 있습니다. 나의 생각을 천천히 들여다보세요.

■ 질문에 대한 답도 중요하지만, 어떤 이유로 답이 나왔는지를 함께 생각해본다면, 한층 더 심도 있는 나를 만나실 수 있습니다.

■ 어떠한 대답도 옳고 그름이 없음을 인지하며, 스스로에게 솔직하면 솔직할수록, 나와의 만남도 깊어질 수 있음을 기억해주세요.

■ 비슷한 문항이라 할지라도 나의 기분 상태, 상황, 내적 성장에 따라 다르게 나타날 수 있기에 다양한 나의 생각들을 존중해주시고, 자유롭게 표현해주세요.

■ 질문의 순서는 중요하지 않습니다. 질문의 끌림에 마음 가는 대로 발자취를 남겨보세요.

■ 책이 완성된 후에는 처음부터 다시 한번 읽어 보시기를 추천합니다. 처음 작성 시에는 문항 자체에만 집중했다면, 전체적인 글을 읽을 때에는 나의 모습이 정리된 느낌으로 다가올 것입니다.

■ 색깔이 표시된 문항은 진로설정이나 취업준비에 도움이 되는 문항들로, 자기소개서나 이력서, 면접 등을 준비하시는 분들은 참고하시면 됩니다.

1장

회상의 계단

- 과거의 나와 마주하는 계단 -

한 방울 한 방울이 모여 강물을 이루듯
지금의 당신을 만든 것은 수많은
어제가 있었기 때문입니다.
당신의 그 소중한 발자취를 들여다볼까요?

1. 내 이름은 어떤 뜻을 지녔고 누구에 의해서 지어졌나요?

_____

_____

_____

_____

_____

2. 내 이름에는 어떤 추억들이 담겨 있나요?

_____

_____

_____

_____

_____

_____

3. 나의 어린 시절에 관해 들었던 이야기에는 어떤 것이 있나요?

4. 어릴 적 사진 중 인상 깊은 사진이 있나요? 그 사진을 보면 어떤 느낌이 드나요?

5. 기억나지는 않겠지만 이 세상에 태어난 첫 순간 나는 어떤 모습, 어떤 상황에 있었을까요?

6. 나의 태몽에 대해 알고 있다면 어떤 내용인가요?

7. 나의 기억 중 가장 오래된 기억(어린 시절 첫 기억)은 무엇인가요?

_____

_____

_____

_____

_____

8. 어린 시절 나에게 기억에 남는 놀이는 어떤 것들이 있었나요?

_____

_____

_____

_____

_____

9. 어릴 적 친했던 친구들의 이름을 생각나는 대로 적어보면서 그 친구와 관련된 어떤 추억이 있었는지를 떠올려보세요.

....

....

....

....

....

10. 어릴 적 읽었던 동화나 이야기 중에 어떤 내용이 기억에 남나요?

....

....

....

....

....

11. 어린 시절 나의 집을 떠올리면 어떤 느낌으로 기억되나요?

12. 어린 시절 나의 동네를 떠올리면 어떤 생각이나 느낌이 드나요?

13. 나는 유치원 시절 어떤 아이였나요?

14. 학창시절 등굣길을 떠올리면 나는 어떤 마음, 어떤 모습으로 학교를 가고 있는 것 같나요?

15. 학창시절에 어떤 동아리 활동을 했었나요?

16. 어린 시절 내가 가장 많이 들었던 말은 무엇이었나요?

17. 친구나 주변 사람으로부터 받았던 편지나 문자 등의 메시지 중 기억에 남는 내용은 무엇인가요?

18. 어린 시절 나의 주 양육자는 누구였나요? 그분에 대한 기억이나 느낌은 어떠한가요?

19. 우리 가족에게 가장 크게 일어났던 일 혹은 사건은 무엇인가요?

20. 크게 아팠던 적이 있었다면 그때의 감정과 생각은 어땠었나요?

21. 부모님이 원하는 나의 직업은 무엇이며 나는 그 직업에 대해서 어떻게 생각했었나요?

_____

_____

_____

_____

_____

22. 부모님의 직업은 무엇이며 부모님의 직업과 관련된 나의 기억들은 어떠한 것이 있는지 생각해보세요.

_____

_____

_____

_____

_____

_____

23. 어린 시절 아빠와의 추억은 어떤 것들이 있나요?

24. 어린 시절 엄마와의 추억은 어떤 것들이 있나요?

25. 초등학교 시절 나는 어떤 아이였나요?

26. 중·고등학교 시절 나는 어떤 아이였나요?

27. 학창시절 내가 좋아했던 과목과 싫어했던 과목
은 무엇인가요?

28. 학창시절 내가 잘했던 과목과 못했던 과목은 무
엇인가요?

29. 어린 시절 들었던 인상 깊은 칭찬은 어떤 것이 있
나요?

_____

_____

_____

_____

_____

_____

30. 어린 시절 받았던 상장이나 트로피 중 가장 기억
에 남는 것은 무엇이며 그때의 느낌이나 관련된 추억
도 함께 말해주세요.

_____

_____

_____

_____

_____

31. 학창시절 중 가장 행복했던 시절은 언제였나요?

32. 학창시절 중 가장 힘들었던 시절은 언제였나요?

33. 기억에 남는 선생님은 누구이며 어떤 기억들이 있나요?

34. 놀이동산에 관한 추억에는 어떤 것이 있나요?

35. 학교(대학교)는 어떻게 결정하게 되었나요?

_____

_____

_____

_____

_____

36. 전공은 무엇이고 나에게 어떻게 느껴졌나요? 또한 지금의 삶에 어떤 영향을 미치고 있나요?

_____

_____

_____

_____

_____

37. 첫 직장(혹은 아르바이트)은 어떤 곳이었나요?

---

38. 내가 다녔던 모든 직장들을 떠올려보면서 나의
직장생활은 어땠는지 업무적인 측면과 인간관계적인
측면에서 내가 느꼈던 부분을 말해주세요.

---

39. 첫 월급을 받았을 때 어떤 생각이나 느낌이 들었나요?

40. 첫 월급을 받고 나서 그 돈으로 무엇을 했나요?

41. 부모님에게 감동을 받은 일은 무엇인가요?

42. 부모님에게 상처를 받은 일은 무엇인가요?

43. 부모님이 나로 인해 기뻐했던 적은 언제였나요?

44. 부모님이 나로 인해 슬퍼했던 적은 언제였나요?

45. 가장 기억에 남는 생일은 언제였나요?

46. 가장 오랜 시간 동안 잠을 잔 적은 언제였나요?

47. 오랫동안 즐겨 들었던 음악은 어떤 것들이 있나요? 그 음악과 관련된 기억에 대해 이야기해 주세요.

48. 기억에 남는 영화는 무엇이고 그걸 보면서 나는 어떤 생각과 느낌이 들었나요?

49. 나의 별명은 무엇이고 어떻게 지어지게 되었나요?

_____

_____

_____

_____

_____

50. 내가 1등을 했던 순간이 있었다면 언제였나요?

_____

_____

_____

_____

_____

51. 지금의 나와 너무나 달랐던 과거의 순간이 있다면 그때의 나는 어떤 모습이었나요?

52. 〈내가 이렇게까지 치열하게 살아 봤다〉라고 말할 수 있는 부분은 어떤 모습이었나요?

53. 내가 해봤던 이색적인 경험 중 가장 기억에 남는 활동은 무엇인가요?

_____

_____

_____

_____

_____

54. 내 인생의 터닝 포인트는 언제였나요?

_____

_____

_____

_____

_____

55. 가장 인상 깊었던 식사자리는 언제였나요?

56. 가장 불편했던 식사자리는 언제였나요?

57. 성인이 된 시점. 나의 학비나 용돈, 생활비는 어떻게 해결했나요?

58. 하루 혹은 한 달 중 가장 많이 벌었던 금액은 얼마이며 어떤 일을 했었나요?

59. 내가 다녀온 여행지에는 어떤 곳들이 있나요?

60. 나에게 가장 기억에 남는 여행은 어떤 추억이 담겨져 있나요?

61. 첫사랑에 대한 기억은 어떠한가요?

----

62. 나의 연애사는 어땠나요? 나와 함께했던 모든 사람들을 떠올려보고 어떤 스타일의 사람들을 만났는지 생각해보세요.

----

63. 타인에게 받았던 호의 중에 가장 기억에 남는 행동은 무엇인가요?

64. 내가 베풀었던 친절 중 가장 기억에 남는 행동은 무엇인가요?

65. 일기나 다이어리를 쓴다면 어떤 이유로 언제부터 쓰게 되었나요?

66. 기부나 봉사 활동을 해본 적이 있다면 그때 어떠한 마음이 들었나요?

67. 가장 감명 깊게 읽은 책은 어떤 책인가요?

68. 소장하고 있는 책은 몇 권 정도 되며 주로 어떤 종류의 책들을 소장하고 있나요?

69. 내가 가장 좋아하는 사진에는 어떤 추억이 담겨져 있나요?

------

70. 내 삶에서 바꾸고 싶은 부분이 있다면 어떠한 부분인가요?

------

71. 가장 과감하게 입었던 패션은 언제였으며 어떤 모습이었나요?

_____

_____

_____

_____

_____

72. 스쳐 지나간 인연 중 기억에 남는 사람은 누구이며 그 이유는 무엇인가요?

_____

_____

_____

_____

_____

73. 인생에서 가장 행복했던 순간은 언제였나요?

74. 인생에서 가장 힘들었던 순간은 언제였나요?

75. 내 인생의 최고의 전성기는 언제였나요? 그때 나는 어떤 모습을 가진 사람이었나요?

76. 「TV는 사랑을 싣고」라는 프로그램처럼 추억 속의 주인공 혹은 평소에 고마움을 전하고 싶었던 사람을 만나게 해주는 프로그램에 출연하게 된다면 누구를 찾고 싶나요?

77. 인생을 살면서 가장 크게 배운 점, 깨달은 점은
무엇인가요?

....

....

....

....

....

....

78. 인생을 살면서 내가 내린 가장 큰 결정은 무엇이
었나요?

....

....

....

....

....

....

79. 내 인생에서 잘했다고 생각되는 5가지는 무엇인가요?

_____

_____

_____

_____

_____

80. 내 인생에서 후회되는 3가지는 무엇인가요?

_____

_____

_____

_____

_____

81. 받았던 선물 중 가장 기분이 좋았던 선물은 무엇인가요?

82. 받았던 선물 중 가장 기분이 안 좋았던 선물은 무엇인가요?

83. 나 자신이 멋져 보인 순간은 언제였나요?

84. 나의 유전자는 부모님 중 누구를 더 닮은 것 같
나요?

85. 나만의 분야에서 나의 내공은 몇 점 정도 될까요? 나의 내공은 어떻게 쌓였는지 당신의 경험을 이야기해 주세요.

_____

_____

_____

_____

_____

86. 불가능 같았는데 기적처럼 해냈던 경험이 있다면 어떤 경험이었나요?

_____

_____

_____

_____

_____

_____

87. 심리 검사를 받아본 경험이 있나요? 그 결과를 보면서 어떤 생각이 들었나요?

88. 사주팔자나 관상, 손금 등 나의 미래를 점쳐본 적이 있나요? 그 이야기를 들으니 어떤 생각이 들었나요?

89. 어릴 때부터 지금까지 나의 모든 꿈들을 적어보
면서 어떤 변화가 있었는지 생각해보세요.

90. 나의 꿈들은 어떤 공통점을 가지고 있나요?

91. 나를 진심으로 지지해준 사람은 누가 있었나요?

92. 살면서 가장 공들였던 일은 무엇인가요?

2장

머무름의
계단

- 현재의 나와 마주하는 계단 -

주어진 시간 중에서 가장 소중한 시간은
바로 지금입니다.
오늘의 나는 어떤 모습으로 살아가고 있는지
만나러 가볼까요?

1. 나에게 휴식이 필요한 순간은 언제인가요?

2. 나만의 아지트나 특별히 즐겨 찾는 장소가 있다면 어떤 곳인가요?

3. 나만의 소확행(소소하지만 확실한 행복)은 무엇인가요?

4. 나에게 큰 힘을 주는 사람은 누구인가요?

5. 나의 공간(방 or 집)은 어떤 모습인가요?

6. 현재 내가 살고 있는 집과 동네는 나에게 어떤 느 낌을 주나요?

7. 소장하는 옷과 신발은 어느 정도 되며 이것에 대해 어떻게 생각하나요?

8. 가방에 주로 어떤 것들을 넣고 다니나요?

9. 주로 몇 시에 자고 몇 시에 일어나며 이 생활패턴에 대해서 어떻게 생각하나요?

----

10. 가장 좋아하는 시간이 있다면 무엇을 할 때인가요?

----

11. 근무 시간을 제외하고 하루 중 가장 많은 시간을
보내는 것은 어떤 영역인가요?

12. 어떤 날씨를 좋아하며 그 이유는 무엇인가요?

13. 산과 바다, 들판 중 어느 곳을 더 선호하나요?

_____

_____

_____

_____

_____

14. 여행을 할 때 내가 선호하는 숙박형태는 무엇인 가요? (호텔. 리조트. 펜션. 레지던스. 글램핑. 카라반. 캠핑 등등)

_____

_____

_____

_____

_____

15. 영화관에서 주로 내가 앉는 자리는 어디인가요?

16. 나는 새로운 장소와 익숙한 장소 중 어느 쪽을 선호하나요?

17. 나는 여행지에서 주로 무엇을 하나요?

18. 내가 여행을 하는 이유는 무엇인가요?

19. 주로 이용하는 교통수단은 무엇이며 이동 시간에
는 무엇을 하는 편인가요?

20. 약속장소에 미리 도착하거나 제시간에 도착하거
나 혹은 늦는 편 중에서 나는 어느 쪽인가요?

21. 물건을 살 때 가장 중요한 기준은 무엇인가요?

22. 나의 필수 아이템에는 어떤 것들이 있을까요?

23. 내 물건 중 가장 소중한 물건 / 오래된 물건 / 고가의 물건에는 어떤 것이 있나요?

24. 쓰지도 않으면서 버리지도 못하는 물건에는 어떤 것이 있나요?

25. 즐겨 보는 TV 프로그램과 그 이유를 말해주세요.

26. 라디오를 즐겨 듣는 편이라면 선호하는 라디오 프로그램과 그 이유를 말해주세요.

27. 일주일 중 가장 좋아하는 요일은 언제인가요?

28. 나에게 중요한 기념일은 언제인가요?

29. 사진 찍는 것과 찍히는 것 중에 어느 쪽을 더 선호하나요?

30. 나는 주로 어떤 사진들을 찍나요?

31. 참여하고 있는 모임이나 동호회는 어떤 것들이 있나요?

_____

_____

_____

_____

_____

32. 나의 성별에 대해 만족하나요? 그 이유는 무엇인가요?

_____

_____

_____

_____

_____

33. 내 주변에는 어떤 부류의 친구들이 많은가요?

34. 요즘 자주 만나는 사람은 누구인가요?

35. 나의 가장 오래된 친구는 어떤 스타일의 사람인지 말해주세요.

36. 내가 거리를 두고 싶은 사람은 어떤 스타일의 사람인지 말해주세요.

37. 일어나서 제일 먼저 하는 생각이나 행동에는 어떤 것이 있나요?

_____

_____

_____

_____

_____

38. 잠들기 전 어떤 생각이나 행동을 하나요?

_____

_____

_____

_____

_____

39. 잠자리 주변에는 어떠한 것들이 놓여 있나요?

40. 나는 쉽게 잠드는 편인가요? 어떤가요?

41. 나는 어떤 상황에서 짜증이나 화가 나나요?

42. 내가 자주 하는 불평불만은 어떤 것이 있나요?

43. 나는 어떨 때 행복이나 감사함을 느끼나요?

44. 나는 지금 몇 점짜리 인생을 살고 있다고 생각하나요? (점수를 준 이유와 어떤 부분이 보완되면 점수가 올라갈 것 같은지도 함께 생각해보세요.)

45. 잠잘 때 주로 어떤 꿈들을 꾸나요?

46. 기억나는 꿈이 있다면 어떤 꿈인가요?

47. 좋아하는 속담과 그 이유를 말해주세요.

----

48. 나에게 힘을 주는 단어 3개를 쓰고 그 이유도 함
께 말해주세요.

----

49. 하루에 핸드폰 사용 시간은 어떻게 되며 주로 어떤 용도로 사용하나요?

50. 유튜브, TV, 라디오, 영화 등의 여러 매체 중 가장 즐겨 하는 매체는 무엇인가요?

51. 내 핸드폰 액정화면은 어떤 모습인가요?

52. 내 핸드폰에는 몇 명의 연락처가 저장되어 있으며 그 수가 나에게 어떻게 느껴지나요?

53. SNS를 한다면 주로 어떤 것들을 이용하며 그 이유는 무엇인가요?

54. 메일 아이디와 블로그 등의 닉네임은 무엇인가요?

55. 현재 나의 카톡 프로필과 메시지는 무엇인가요?

56. 카톡이나 SNS 프로필은 자주 바꾸는 편인가요?
어떤가요?

57. 내가 관심 있게 보는 기사나 뉴스는 주로 어떤 내용들인가요?

58. 다룰 수 있는 악기에는 어떤 것이 있나요?

59. 일주일에 몇 번 정도 술을 마시나요?

60. 즐겨 마시는 술의 종류는 무엇이며 어느 정도 (주량) 마시나요?

61. 봄. 여름. 가을. 겨울. 각각의 계절이 나에게 주는 느낌은 어떤가요?

_____

_____

_____

_____

_____

_____

62. 좋아하는 색깔은 무엇이며 그 색깔은 나에게 어떤 느낌을 주나요?

_____.

_____

_____

_____

_____

_____

63. 좋아하는 영화 장르와 싫어하는 영화 장르는 어떤 것이 있으며 그 이유는 무엇인가요?

64. 좋아하는 음악 장르와 싫어하는 음악 장르는 어떤 것이 있으며 그 이유는 무엇인가요?

65. 나와 비슷하다고 생각되는 드라마 주인공은 어떤 캐릭터인가요?

66. 좋아하는 동물이나 식물은 무엇인가요?

67. 현재 기르거나 기르고 싶은 애완동물은 무엇인가요?

68. 기르는 애완동물이 있다면 나에게 어떤 존재인지 나의 애완동물에 대한 소개를 해주세요.

69. 외모적으로 나와 닮은 유명인은 누구이며 그 말을 들으면 어떠한가요?

70. 좋아하는 연예인과 싫어하는 연예인은 누구이며 그 이유는 무엇인가요?

71. 내가 잘하는 예체능에는 어떤 것들이 있나요?

72. 내가 잘 못 하는 예체능에는 어떤 것들이 있나요?

73. 나는 가족과 어떠한 정서적 관계를 맺고 있나요?

(가족 구성원 각각에 대해서 생각해보세요.)

----

74. 가족을 제외하고 나에게 가장 소중한 사람 3명은 누구인가요?

----

75. 나의 형제, 자매는 어떤 사람인가요?

76. 친척 중 가장 가까운 사람과 멀게 느껴지는 사람은 누구인가요?

77. 나의 가족들의 좋은 점은 무엇인가요?

78. 가족들과 나는 주로 어떤 대화를 하나요?

79. 다른 집들과 비교해서 우리 집은 어떤 특징이 있는 것 같나요?

80. 우리 집에서 나의 존재는 어떠한가요?

81. 나의 아버지는 어떤 분인가요?

---

82. 나의 어머니는 어떤 분인가요?

---

83. 사람을 볼 때 가장 먼저 보는 것은 무엇인가요?

84. 처음 보는 사람과 쉽게 친해지는 편인가요? 혹은 시간이 필요한 편인가요?

85. 가사 활동 중 가장 좋아하는 활동과 싫어하는 활동은 무엇인가요?

86. 내가 타인에게 자주 듣는 말은 무엇인가요?

87. 집에서 가장 즐겨 앉는 자리는 어디이며 그 자리에서 주로 무엇을 하나요?

88. 무언가에 몰두하면 최장 몇 시간까지 집중이 가능한가요?

89. 주변 사람 중 나와 비슷하다고 생각되는 사람은 누구인가요?

90. 주변 사람 중 나와 반대된다고 생각되는 사람은 누구인가요?

91. 프리랜서와 정규직 중 어떤 스타일을 선호하나요?

_____

_____

_____

_____

_____

92. 나는 성격이 급한 편인가요? 느긋한 편인가요? 어떤가요?

_____

_____

_____

_____

_____

93. 현재 내가 가장 사랑하는 사람은 누구이며 그 사람은 어떤 사람인가요?

94. 나를 가장 사랑하는 사람은 누구인 것 같나요?

95. 나의 체력은 어느 정도라고 생각하나요?

96. 나의 목소리는 어떤 편인가요?

97. 현재 나의 건강 상태는 어떠한가요?

98. 나의 건강을 위해 어떤 행동들을 하고 있나요?

99. 현재 나의 심리적 상태는 어떠한가요? (내 마음을 온도로 표현한다면 1~100도 중 어디에 있을까요?)

_____

_____

_____

_____

_____

100. 나는 내 마음의 건강을 위해 어떤 것들을 하고 있나요?

_____

_____

_____

_____

_____

101. 가장 좋아하는 음식과 싫어하는 음식은 무엇이며 그 이유는 무엇인가요?

---

102. 내가 즐겨 하거나 자신 있는 요리는 무엇인가요?

---

103. 가장 좋아하는 숫자와 그 이유는 무엇인가요?

104. 나는 주로 어떤 걱정을 하는 편인가요?

(일. 친구. 이성. 건강. 돈. 가족. 미래. 과거. 외모. 성격 등등)

105. 나의 몸무게와 키에 대해서 어떻게 생각하나요?

106. 나에게 신체적으로 우월한 부분과 부족한 부분이 있다면 어떤 부분이 있을까요?

107. 평소에 자주 짓는 표정은 무엇인가요?

108. 평소에 자주 하는 말은 무엇인가요?

109. 나는 어떨 때 조급함을 느끼나요?

110. 나는 어떨 때 여유로움을 느끼나요?

111. 신이 나에게 더 주신 부분과 덜 주신 부분은 어떤
것이 있을까요?

112. 당장이라도 전화해 편하게 만날 수 있는 상대가
있다면 누가 떠오르나요?

113. 주변 사람들의 모습 중 닮고 싶은 3가지 모습은
무엇인가요?

114. 주변 사람들의 모습 중 닮고 싶지 않은 3가지 모
습은 무엇인가요?

115. 나 스스로에게 거는 〈주문〉 같은 것이 있다면 어떤 주문이 있나요?

116. 나의 취미는 무엇인가요?

117. 돈을 쓰더라도 상대적으로 아깝지 않게 느껴지는 영역에는 무엇이 있을까요?

118. 돈을 쓰는 데 있어서 다소 아깝게 느껴지는 영역에는 무엇이 있을까요?

119. 나는 어디에 돈을 가장 많이 쓰는 편인가요?

120. 나의 지출은 계획적인가요? 즉흥적인가요?

121. 현재 나의 한 달 생활비는 어느 정도 되나요?

122. 한 달 생활비로 얼마를 쓰는 것이 적당하다고 생각되나요?

123. 최소한의 돈으로 생활해야 한다면 나의 한 달 최저생활비는 어느 정도일까요?

124. 현재 내 통장에 잔고는 어느 정도 있나요?

125. 나는 한 끼 식사에 얼마만큼 애정을 쏟나요?

126. 현재 나의 용돈이나 생활비는 어떻게 충당하고 있나요?

127. 현재 하는 일(직업)은 무엇인가요?

128. 지금의 직업은 어떤 계기로 선택하게 되었나요?

129. 현재 직업의 장점과 단점은 무엇인가요?

130. 하루 중 업무에 투자되는 시간은 어느 정도이며 그 시간은 나에게 어떻게 느껴지나요? (직업만족도를 100점 만점으로 표현해보세요.)

131. 나의 긴급연락처는 누구로 되어 있나요? 그 사람은 나에게 어떤 존재인가요?

132. 내가 가지고 있는 자격증에는 어떤 것이 있나요?

133. 나의 습관 중 좋은 점이라고 생각되는 것은 무엇인가요?

134. 나의 습관 중 버리고 싶은 습관은 무엇인가요?

135. 하고 싶지는 않지만 해야만 하는 일이 있을 때 나는 보통 어떻게 하나요?

136. 무언가를 처리할 때 기존의 방식과 새로운 방식 중 어떤 방법을 더 선호하나요?

137. 나의 프로필(이력서) 중 가장 자신 있는 부분은 무엇인가요?

_____

_____

_____

_____

_____

138. 나의 프로필(이력서) 중 더 채우고 싶은 부분은 무엇인가요?

_____

_____

_____

_____

_____

139. 나만의 신조는 무엇인가요?

_____

_____

_____

_____

_____

140. 〈멘토〉라고 생각되는 사람과 그 이유에 대해서
말해주세요.

_____

_____

_____

_____

_____

141. 나의 아이큐(IQ)를 알고 있다면 그것에 대해서 어떻게 생각하나요?

142. 내 손은 어떤 모습인가요? 손에서 내 삶의 어떤 흔적이 느껴지나요?

143. 나의 글씨체를 보고 떠오르는 느낌을 말해주세요.

....

....

....

....

....

144. 나의 사인(sign)은 어떤 모양이며 어떻게 만들어 지게 되었나요?

....

....

....

....

....

145. 외모를 위해 투자하는 시간과 비용은 어떻게 되나요?

146. 나는 옷을 살 때 주로 어떤 스타일의 옷을 선택하나요?

147. 무언가를 결정하는데 내가 결정하는 편인가요?
혹은 다른 사람들의 의견을 따르는 편인가요?

148. 집과 직장을 제외하고 요즘 내가 많이 머무르는
장소는 어디인가요?

149. 꾸준히 해오고 있는 활동에는 무엇이 있나요?

150. 온전히 쉬는 날에는 주로 무엇을 하며 지내나요?

151. 평소에 내가 가장 많이 하고 있는 모습은 어떤 모습인가요?

152. 결혼을 하고 크게 달라진 점은 무엇인가요?
미혼이라면, 결혼을 하면 어떤 부분이 달라질 것 같나요?

153. 아래 예시를 참고하여 〈나에게 영향을 준 것들〉
을 그려보세요.

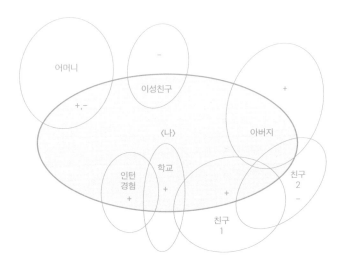

① 큰 원은 나 자신을 나타냅니다.

② 나에게 영향을 준 사람들을 떠올려보고, 각각의 작은 원들을 그
려 나갑니다. 나에게 준 영향력의 크기만큼 원 크기를 조절하면 됩
니다.

③ 긍정적인 영향은 (+), 부정적인 영향은 (−)로 표시합니다. 원 안
에는 (+) 영향과 (−) 영향 혹은 (+, −)가 함께 들어갈 수도 있습니다.

④ 지금의 내가 있기까지 나에게 어떤 영향들이 있었는지를 살펴
보고, 이 원을 보면서 드는 생각이나 감정을 자유롭게 느껴봅니다.

154. 선배와 후배 중 어떤 사람들이 더 편하게 느껴지나요?

155. 나 스스로에게 칭찬해주고 싶은 것에는 어떤 것들이 있나요?

156. 내 인생 10대 뉴스를 작성해 보세요.

3장

그림자의
계단

- 숨어 있는 나와 마주하는 계단 -

나에게는 행복했던 순간도, 그저 평범했던 순간도,

버려내야만 했던 순간도 다 있었을 거예요.

나의 모든 순간을 함께 했지만, 잘 드러나지는 않았던

나의 속마음을 들여다볼까요?

1. 나에게 위로가 필요한 순간은 언제인가요?

2. 내가 나에게 위로를 한다면 어떤 말을 해줄 수 있을까요?

3. 마음은 늘 하고 싶었지만 미루게 되는 일에는 어떤 것이 있나요?

4. 나를 자신 없게 만드는 부분은 어떤 것이 있나요?

5. 한때 중독되었던 활동이 있었다면 어떤 것이었나요?

----

6. 불면증에 시달렸었던 적이 있었다면 그 이유는 무엇인가요?

----

7. 내가 했던 행동 중 가장 위험했던 행동은 무엇인가요?

_____

_____

_____

_____

_____

8. 살면서 내가 응급상황이라고 생각했던 순간은 언제였나요?

_____

_____

_____

_____

_____

9. 죽음의 공포를 느꼈던 적이 있었다면 언제였나요?

....

....

....

....

....

10. 나에게 이상한 일들이 일어난 적이 있었나요? 있었다면 어떤 것이었나요?

....

....

....

....

....

11. 내 생애 가장 안 좋았던 사건이 나에게 남긴 것은 무엇인가요?

12. 나에게 강박적인 신념이 있다면 무엇인가요?

13. 자주 하는 혼잣말은 어떤 것이 있나요?

14. 나만의 비밀은 무엇인가요?

15. 나도 모르게 회피하거나 모른척하게 되는 일에는 어떤 것이 있나요?

16. 내가 낯설게 느껴지는 순간은 언제인가요?

17. 고민이 생겼을 때 어떻게 해결하나요?

18. 고민이 있을 때 의논할 상대가 있다면 주로 누구와 의논을 하나요?

19. 나의 실패경험에는 어떤 것들이 있나요?

20. 스트레스받을 때는 언제이며 나의 스트레스 해소 방법에는 어떤 것이 있나요?

21. 가장 서러웠거나 비참했던 기억은 언제였나요?

22. 내 인생에서 가장 크게 울었던 적은 언제였나요?

23. 미뤄둔 통화가 있다면 누구에게 어떤 말을 하고 싶나요?

24. 누군가에게 피해를 주거나 마음의 상처를 준 적이 있었다면 어떤 이유였을까요? 또한 다시 돌아간다면 어떻게 하고 싶은가요?

25. 내가 자주 쓰는 〈가면〉은 어떠한 것이 있는지 생각해보세요.

---

26. 나에게 지병이 있다면 이것은 내 삶에 어떤 영향을 주고 있나요?

---

27. 나를 지치게 하는 것은 무엇인가요?

28. 나의 열등감은 무엇인가요?

29. 술에 취하면 나는 어떤 모습을 보이나요?

30. 가장 술을 많이 마신 때는 언제이며 음주로 인한 나의 실수는 어떤 것이 있었나요?

31. 못 먹는 음식이 있다면 그 이유는 무엇인가요?

32. 나는 어떤 징크스가 있나요?

33. 인간관계로 힘들었을 때는 언제였나요?

34. 나의 단점은 무엇인가요?

35. 내가 한 가장 큰 거짓말은 무엇이었나요?

36. 내 인생의 가장 큰 고민은 무엇이었나요?

37. 내가 죽었으면 하고 생각했던 적이 있었나요? 그 이유도 함께 말해주세요.

---

38. 만약 자살 생각을 했었다면 나는 그것을 어떻게 극복할 수 있었나요?

---

39. 사회적 이슈 중 나에게 큰 충격을 주었던 사건은 무엇이었나요?

40. 무섭거나 두려워하는 동물이 있다면 그 이유는 무엇인가요?

41. 갑자기 두려워질 때가 있다면 어떤 상황인가요?

42. 내가 예민하게 받아들이게 되는 것에는 어떤 것들이 있나요?

43. 나는 잘못을 했을 때 어떻게 대처하는 편인가요?

44. 상처를 받았을 때 치유하기 위한 나만의 힐링 방법에는 무엇이 있을까요?

45. 가족들에게 가장 듣기 싫은 말은 무엇인가요?

46. 남들에게 가장 듣기 싫은 말은 무엇인가요?

47. 부모님의 모습 중 닮고 싶지 않은 부분은 무엇인가요?

48. 부모님과 여전히 해결되지 않은 문제가 있다면 무엇인가요?

49. 누군가가 내 험담을 한 것을 알았을 때 나는 어떻게 하나요?

50. 마음에 용서가 되지 않는 사람이 있다면 어떤 이유인가요?

51. 과거의 나를 만날 수 있다면 어느 시점에 어떤 말을 해주고 싶나요?

---

52. 현재 내 삶의 스트레스 지수를 1~100으로 표현한다면 어느 정도인가요? 무엇이 해결되면 점수가 내려갈까요?

---

53. 최근 일주일의 시간 중 나는 어떤 고민들을 했었
나요? 고민을 해결하려고 하지 말고 생각나는 모든
고민들을 적어보세요.

---

54. 위 문항을 적고 나니 나의 고민은 주로 어떤 것들
인 것 같나요?

4장

진실의
계단

- 진실된 나와 마주하는 계단 -

같은 상황이라도 바라보는 시각에 따라
다르게 해석될 수 있습니다.
당신은 어떤 관점으로 이 세상을 마주하고 있나요?
당신의 프레임을 만나러 가볼까요?

1. 세상에서 가장 행복한 사람은 어떤 사람이라고 생각하나요?

2. 세상에서 가장 불행한 사람은 어떤 사람이라고 생각하나요?

3. 나에게 <성공>의 기준은 무엇인가요?

4. 나에게 <실패>의 기준은 무엇인가요?

5. 나에게 밥(음식)이란 어떤 의미인가요?

....

....

....

....

....

6. 나에게 <커피 한잔>은 어떤 의미인가요?

....

....

....

....

....

7. 나에게 <집>이란 어떤 의미인가요?

8. 미니멀 라이프에 대한 나의 생각은 어떠한가요?

9. 나의 공부 스타일은 어떠한가요?

10. 일을 할 때 나는 어떤 스타일인가요?

11. 나의 연애 스타일은 어떠한가요?

12. 나의 여행 스타일은 어떠한가요?

13. 타인을 대하는 나의 생각과 태도는 어떠한가요?

_____

_____

_____

_____

_____

14. 나 자신을 대하는 나의 태도는 어떠한가요?

_____

_____

_____

_____

_____

15. 나의 걸음걸이 스타일은 어떠한가요?

16. 나의 운전 스타일은 어떠한가요?

17. 할아버지, 할머니들을 보면 어떤 생각이 드나요?

18. 어린아이들을 보면 어떤 생각이 드나요?

19. 연인을 보면 어떤 생각이 드나요?

20. 자식은 나에게 어떤 존재인가요?

21. 나는 운이 좋은 편인가요? 어떤가요?

22. 신은 존재한다고 생각하나요?

23. 종교가 있다면 종교는 나에게 어떤 의미인가요?

24. 내가 생각하는 참된 스승이란 어떤 모습을 가진 사람일까요?

25. 성형하는 것에 대해서 어떻게 생각하나요?

26. 자살에 관해서 어떻게 생각하나요?

27. 내가 느끼는 우리나라의 장점과 단점은 무엇인
가요?

28. 내가 생각하는 <괜찮은 사람>이란 어떤 모습을
가진 사람인가요?

29. 내 자신에게 필요한 덕목에는 어떤 것이 있을까요?

_____

_____

_____

_____

_____

30. 직장에서 갖추어야 할 덕목에는 어떤 것이 있을까요?

_____

_____

_____

_____

_____

31. 나에게 <가족>이란 어떤 의미인가요?

32. 나에게 <친구>란 어떤 의미인가요?

33. 이혼에 대해서 어떻게 생각하나요?

34. 동거에 대해서 어떻게 생각하나요?

35. 돈에 대한 나의 생각과 태도는 어떠한가요?

36. 내가 생각하는 〈부자〉의 기준은 무엇인가요?

37. 자신이 센스 있다고 생각되는 때는 언제인가요?

---

38. 내가 생각하는 성공의 기준에서 나의 위치는 어느 정도라고 생각하나요?

---

39. 내 생애 최고의 사람은 누구인가요?

40. 내 생애 최악의 사람은 누구인가요?

41. ⟨SEX⟩는 나에게 어떤 의미인가요?

---

42. 혼전순결에 대해서 어떻게 생각하나요?

---

43. 나에게 〈죽음〉이란 어떤 의미인가요?

44. 오직 진실만을 말하는 방이 있다면 나는 어떤 사람에게 어떤 질문을 하고 싶나요?

45. 상대방이 나와 맞는 사람인지 아닌지를 결정할 때 어떤 부분이 가장 중시되나요?

46. 나의 장점은 무엇인가요?

47. 주변 사람들 중 가장 성공했다고 생각되는 사람은 누구인가요?

48. 주변 사람들 중 가장 실패했다고 생각되는 사람은 누구인가요?

49. 내가 생각하는 괜찮은 윗사람 혹은 아랫사람은
어떤 모습을 가진 사람인가요?

---

50. 나는 어떤 모습을 가진 사람에게 존경의 마음이
드나요?

---

51. 나에게 <시간>이란 어떤 의미인가요?

52. 기억에 남는 명언이 있다면 무엇이며 나에게 어떤 의미로 남을까요?

53. <이런 남자 혹은 이런 여자 절대 만나지 마라>
라고 생각되는 부분은 어떤 것들이 있나요?

54. 군대 혹은 임신에 대한 생각과 느낌은 어떠한가
요? (해당되는 성별에 따라 답하세요.)

55. 잘나가는 친구와 평범한 친구 중 나는 어떤 친구를 가까이하고 싶은가요?

56. 나는 어떤 유형의 사람을 좋아하고, 어떤 유형의 사람을 싫어하나요?

57. 돈과 사랑과 일(꿈) 중 나의 우선순위와 그 이유를
말해주세요.

_____

_____

_____

_____

_____

58. 내 삶의 〈원동력〉은 무엇인가요?

_____

_____

_____

_____

_____

_____

59. 현존하는 인물 중에서 최고의 위인은 누구라고
생각하나요?

60. 내 주변 사람들 중에서 〈멋진 사람〉이라고 생각
되는 사람은 누구인가요?

61. 현재 내 나이에 대해서 어떻게 생각하나요?

62. 나이가 들어가는 것에 대해서 어떤 생각이 드나요?

63. 부모님께 하고 싶은 말이 있다면 어떤 말이 있을까요?

64. 결혼과 비혼 중 내 선택은 무엇인가요?

65. 나의 배우자에게 바라는 모습이 있다면 어떤 것이 있을까요?

66. 결혼에 대한 로망이 있다면 어떤 모습인가요?

67. <술>은 나에게 어떤 의미인가요?

68. 나는 어떨 때 술을 마시고 싶다는 생각이 드나요?

69. 지나고 나니, 비로소 다시 보이는 부분이 있다면 어떤 것이 있나요?

---

70. 심리 상담을 받는 것에 대해서 어떻게 생각하나요?

---

71. 『개미와 베짱이』 동화 속에서 나는 그것을 어떻게 해석하고 느끼나요? 나의 삶은 개미와 베짱이 중 어떤 면이 강한 것 같나요?

-----

72. 상사가 나에게 비합법적인 일을 시키고 성공보수로 10억을 제안했을 때 나는 어떤 선택을 할 것 같나요?

-----

73. 친구들은 나를 어떻게 생각하는 것 같나요?

....

....

....

....

....

74. 상대방에게 들으면 기분이 좋아지는 말에는 어떤 것이 있나요?

....

....

....

....

....

75. 돈을 빌리거나 빌려준 경험이 있다면 그때 어떤 생각이 들었나요?

76. 돈거래에 대한 나만의 철학이 있다면 어떤 것이 있을까요?

77. 나는 나에게 관대한 편인가요? 엄격한 편인가요? 어떤가요?

---

78. 나도 모르게 욕심을 부리게 되는 것에는 어떤 것들이 있나요?

---

79. 나는 나 자신을 얼마나 신뢰하나요? 100점 만점으로 표현해보세요.

80. 나는 나 자신이 소중하다고 생각하나요? 100점 만점으로 표현해보세요.

81. 아래의 작성 방법을 토대로 나의 <인생 곡선 그래프>를 그려보세요.

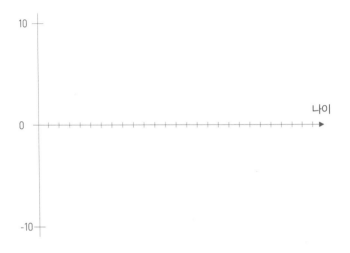

① 가로축(나이)에는 자신의 나이를 1부터 내년의 나의 나이까지 (예를 들어, 현재 내 나이가 25살이라면, 내년의 나이인 26살까지) 표시하고, 세로축(감정을 수치화로 표현)은 위쪽으로는 +10점. 아래쪽으로는 -10점을 표시하면 됩니다.

② 각각의 나이마다 그해 나의 감정을 10점과 -10점 중 어디에 위치했었는지 돌이켜보며 하나의 점으로 표시합니다. 매년 있었던 일이나 느낌이 기억나지 않으면, 특징적인 연도만 표시해도 됩니다.

③ 5살 이전의 기억은 잘 나지 않으므로, 나의 느낌을 유추하여 대략 몇 점 정도였을지 표시하며, 내년은 어떻게 될 것 같은지 나의 느낌을 바탕으로 점수를 표시합니다.

④ 각각의 점수 위에 이유를 간략히 적고, 점선을 이어 하나의 그래프를 완성합니다. 사건이나 느낌의 공통적인 요소들을 찾아보면서, 나의 인생에서 어떤 부분이 크게 차지하는지를 살펴봅니다. 또한 전체적인 그래프를 보면서 드는 생각이나 감정을 자유롭게 느껴봅니다.

82. <인생 곡선 그래프>를 그리고 나니 나에게 어떤 말을 해주고 싶나요?

---

83. 나는 몇 살까지 어떻게 살고 싶나요?

5장

도약의
계단

- 내일의 나와 마주하는 계단 -

나의 미래는 어떻게 펼쳐질까요?

다가올 시간 앞에 나는 어떤 마음으로

소중한 내일을 맞이하고 있나요?

내가 원하는 대로 나의 삶 살기!

시작해볼까요?

1. 인생에는 총 세 번의 기회가 온다고 하는데 그 기회가 어떤 것이라고 생각하나요?

_____

_____

_____

_____

_____

2. 다가올 인생에서 세 번의 기회를 선택할 수 있다면 나에게 어떤 기회가 주어지기를 바라나요?

_____

_____

_____

_____

_____

3. 하루에 한 시간씩 더 주어진다면 그 시간에 무엇을 하고 싶나요?

4. 한 달간 나에게 자유 시간이 주어진다면 그 시간을 어떻게 보내고 싶나요?

5. 스스로 이름을 지을 수 있다면 어떤 이름을 짓고
싶나요?

....

....

....

....

....

6. 나에게 어울리는 애칭 및 별칭은 어떤 것이 있을
까요?

....

....

....

....

....

....

7. 나를 동물로 비유한다면 어떤 동물로 표현할 수 있을까요?

8. 내가 쌍둥이라면 어떨 것 같나요?

9. 맛집에서 줄을 서서 먹는다면 어느 정도까지 기다릴 수 있나요?

10. 약속 시간에서 나는 어느 정도까지 기다릴 수 있나요?

11. <이런 대회가 있다면 내가 1등이다>라고 할 수 있는 분야는 무엇이 있을까요?

12. 영화 속 한 장면을 따라 한다면 어떤 장면을 재연해보고 싶나요?

13. 나의 부모님을 동물로 표현한다면 어떤 동물이 떠오르나요?

_____

_____

_____

_____

_____

14. 우리 부모님은 어떤 직업을 가졌으면 더 잘 어울렸을까요?

_____

_____

_____

_____

_____

15. 타임머신을 탈 수 있다면 무엇을 하고 싶나요?

16. 요술 램프 지니가 세 가지 소원을 들어준다고 한다면 어떤 소원을 빌고 싶나요?

17. 저승사자가 나의 마지막 날이 언제인지 알려 주겠다고 하면 어떤 선택을 하고 싶나요?

18. 조선시대에 태어났다면 나는 무엇을 하면서 살았을까요?

19. 도서관이라고 가정했을 때 나는 주로 어떤 분야의 책을 읽고 싶나요?

20. 만약 내가 책을 쓴다면 어떤 주제의 책을 쓰고 싶나요?

21. 지금도 다른 나라에서는 왕자나 공주가 존재합니다. 내가 현대판 왕자나 공주가 된다면 무엇을 하고 싶나요?

22. 내가 대통령이 된다면 어떻게 이끌어나가고 싶나요?

23. 집에서 급히 탈출해야 한다면 꼭 챙겨가야 할 다섯 가지는 무엇이 있을까요?

24. 세상에 100명만이 살아남을 수 있다면 어떠한 사람들로 구성하고 싶나요?

25. 핸드폰이 없는 상태에서의 하루. 나는 어떨 것 같나요?

26. 앞으로 여행하고 싶은 나라는 어디인가요?

27. 외국에서 생활할 기회가 주어진다면 나는 어떤 선택을 할 것 같나요?

28. 나라를 선택해서 살 수 있다면 어느 나라에서 살고 싶나요?

29. 내가 신이라면 세상의 어떤 부분을 어떻게 바꾸고 싶은가요?

---

30. 워런 버핏과의 식사처럼 유명인과 함께 식사할 수 있는 기회가 주어진다면 누구와 어떤 대화를 나누고 싶은가요?

---

31. 육체 이탈을 해서 나의 하루를 멀리서 바라봤다라고 한다면 현재의 나를 보면서 어떤 말을 해주고 싶나요?

32. 나에게 초능력이 생긴다면 어떤 능력을 갖고 싶은가요?

33. 로또 100억이 당첨이 되면 어떻게 쓰고 싶은지 저축을 제외하고 최대한 세분화시켜 보세요.

34. 나에게 상을 주는 의미로 스스로에게 근사한 식사 대접을 하려고 한다면 어떤 식사를 선물하고 싶나요?

35. 경제적으로 뒷받침이 가능한 상태라고 할 때 나는 어떤 사업을 해보고 싶나요?

36. 나에게 누군가를 도와줄 충분한 돈이 있다면 어떤 이들을 도와주고 싶나요?

37. 다시 태어난다면 어떤 모습으로 태어나고 싶나요?

38. 시대를 선택해서 태어날 수 있다면 어느 시대에 태어나고 싶나요?

39. 만약 법률을 바꿀 수 있다면 바꾸고 싶은 법률은 무엇인가요?

40. 만약 자살을 결심한 친구가 있다면 나는 어떻게 할 것 같나요?

41. 내가 나에게 주고 싶은 상이 있다면 어떠한 것이 있을까요?

42. 누군가가 나의 일상 다큐멘터리를 찍는다고 한다면 나의 하루는 어떻게 구성될까요?

43. 인정받고 싶은 분야가 있다면 어떤 분야인가요?

44. 나는 어떨 때 에너지가 생기고 어떨 때 에너지가
소진되나요?

45. 나의 분야에서의 롤 모델은 누구인가요?

_____

_____

_____

_____

_____

46. 내가 다른 사람에게 가르칠 수 있는 영역에는 어떤 것들이 있을까요?

_____

_____

_____

_____

_____

47. 나의 오감 중 가장 발달한 부분은 어디라고 생각하나요?

48. 내가 재벌 3세라면 어떤 모습으로 살고 있을 것 같나요?

49. 나의 결혼식에 대한 로망은 어떤 것이 있나요?

50. 나의 결혼식에 누구를 초대하고 싶나요?

51. 결혼은 언제 하고 싶나요? 기혼자라면 나는 몇 살에 결혼을 했나요?

52. 나는 몇 명의 아이를 낳고 싶나요? 이미 낳았다면 언제 몇 명의 자녀를 낳았나요?

53. 나는 어떤 부모가 되고 싶은가요?

54. 내 아이가 나의 어떤 부분을 닮고, 어떤 부분을 닮지 않았으면 좋겠나요?

55. 앞으로 배워보고 싶은 악기에는 어떤 것이 있을까요?

56. 내가 꿈꾸는 나의 가정은 어떤 모습인가요?

57. 여러 가지 주제의 강연이 있다면 나는 어떤 강연을 들어보고 싶나요?

58. 내가 강연자라면 어떤 주제로 강의를 하고 싶나요?

59. 아주 큰 시상식에서 상을 받는다면 나는 어떤 상을 받고 있을 것 같나요?

60. 아주 큰 시상식에서 상을 받아 인터뷰를 한다면 어떤 말을 전하고 싶나요?

61. 결혼 후 일과 가사는 어떻게 할 것 같나요?

62. 무인도에서 일주일간 살아야 한다면 어떻게 시간을 보낼 것 같나요?

63. 내가 갖고 싶은 습관은 무엇인가요?

64. 나에게 절대 포기할 수 없는 것은 어떤 것들이 있을까요?

65. 다른 사람이 나의 직업을 하겠다고 한다면 어떤 말을 해주고 싶나요?

66. 한 달 동안 타인의 삶을 살 수 있다고 가정하면, 어떤 사람의 삶을 살고 싶나요?

67. 내가 회사의 CEO라면 어떤 직원을 채용하고 싶나요?

---

68. 내가 원하는 회사를 선택할 수 있다면 어떤 회사에서 근무하고 싶나요?

---

69. 현재 나의 월급에 대해서 어떻게 생각하나요?

70. 연봉협상을 한다면 내 연봉은 얼마이기를 바라나요?

71. 나의 경제적 독립은 언제부터 시작되었나요? 혹시 독립을 하지 못했다면 앞으로의 계획은 어떠한지 생각해보세요.

72. 나는 매월 어느 정도의 돈을 벌고 싶고, 어느 정도의 재산을 형성하고 싶나요?

73. 내가 도전해보고 싶은 것에는 무엇이 있나요?

....

....

....

....

....

74. 다시 전공을 선택할 기회가 온다면 어떤 선택을
하고 싶나요?

....

....

....

....

....

75. 도전해보고 싶지만 망설여지는 부분이 있다면 어떤 것들이 있을까요?

76. 역사 속에 내 이름이 남는다면 어떤 사람으로 기록되기를 바라나요?

77. 역사 속 인물 중 가장 존경하는 인물은 누구인가요?

_____

_____

_____

_____

_____

78. 역사 속 인물 중 가장 벌하고 싶은 인물은 누구인 가요?

_____

_____

_____

_____

_____

79. 작년의 나와 올해의 나를 비교했을 때 가장 크게
변화된 부분은 무엇인가요?

80. 올해의 나와 내년의 나를 비교했을 때 가장 크게
변화하고 싶은 부분은 무엇인가요?

81. 나의 올해 목표는 무엇이었나요?

_____

_____

_____

_____

_____

82. 새해가 될 때마다 반복되는 다짐들이 있다면 무엇인가요?

_____

_____

_____

_____

_____

83. 지금으로부터 1년 전의 나에게 응원의 한마디를
한다면 어떤 말을 해주고 싶나요?

84. 나는 어떤 사람이 되고 싶고 또한 타인에게 어떤
사람으로 기억되고 싶은가요?

85. 나는 가족들에게 어떤 말을 듣고 싶나요?

86. 가장 응원하고 싶은 사람은 어떤 유형의 사람인 가요?

87. 나와 비슷한 처지에 있는 사람에게 어떤 말을 해주고 싶나요?

88. 세상은 불공평하다고 투덜거리는 친구에게 어떤 말을 해주고 싶나요?

89. 나를 성장시키는 행동에는 무엇이 있을까요?

90. 나를 파괴시키는 행동에는 무엇이 있을까요?

91. 나와 관련된 기사가 신문에 기재된다고 합니다. 어떤 내용일 것 같나요?

_____

_____

_____

_____

_____

92. 미래의 나의 명함에는 어떤 내용이 담겨 있기를 원하나요?

_____

_____

_____

_____

_____

93. 나의 10대, 20대, 30대는 어떤 사람이었나요?

94. 나의 60대는 어떤 모습일까요?

95. 나는 어떤 느낌이 나는 동네에 살고 싶나요?

_____

_____

_____

_____

_____

96. 나는 앞으로 어떤 모습으로 살고 싶나요? 일을 제외하고 나의 가정 및 여가 시간 위주로 생각해보세요.

_____

_____

_____

_____

_____

97. 나의 < Dream car >는 무엇인가요?

98. 나의 < Dream house >는 어떤 모습인가요?

99. 나의 노후를 위해서 어떤 준비를 하고 있나요?

100. 내가 평생 모은 돈이 어떻게 쓰이기를 바라나요?

101. 죽기 전 어떤 유언을 남기고 싶은가요?

102. 나의 죽음을 떠올렸을 때 나의 마지막 순간은 어떤 모습이기를 원하나요?

103. 내 인생의 최종 목표는 무엇인가요?

104. 나의 버킷리스트를 10가지 적어보세요.

105. 사람들은 인생에서 평균적으로 5~6번 정도 직업을 바꾼다고 합니다. 나의 능력과 현실적인 조건들을 떠나서 무작정 내가 해보고 싶은 직업들은 어떤 것이 있을까요?

106. 실제 나의 능력과 현실성을 고려한다면 나는 어떤 일(직업)을 하고 싶나요?

107. 직업에는 귀천이 없다지만 나의 직업에 대해서 스스로 어떤 평가를 내릴 수 있을까요?

_____

_____

_____

_____

_____

108. 내가 절대로 하고 싶지 않은 직업에는 어떤 것들이 있을까요?

_____

_____

_____

_____

_____

109. 아래의 그림과 설명을 보고 나의 직업가계도를
그려보세요.

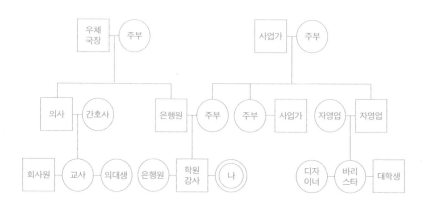

자신을 기준으로 대략 3대를 작성하면 됩니다. 남자는 네모, 여자
는 동그라미로 표시하며, 같은 세대는 같은 줄에 기입하면 됩니
다. 결혼 시 수평선으로 연결하며, 결혼하여 생긴 자녀는 수직선
으로 표시하면 됩니다.

각 세대에 있던 가족들이 어떤 직업을 가졌는지 기록하는 과정을 통해 나와 가장 밀접한 사람들이 어떤 직업을 선택했고, 어떤 과정을 겪었었는지를 일목요연하게 살펴볼 수 있습니다.

가족의 직업은 나의 직업 선택에 매우 큰 영향을 주는 요소로, 이 직업가계도를 통해서 내가 어떤 직업들을 익숙하게 접해 왔는지와 나의 주변 직업 환경을 객관적으로 살펴볼 수 있습니다.

110. 〈직업가치관〉 표를 보고 나의 직업 선택에서 가장 중요한 가치 5가지를 골라보세요.

자율성	능력 발휘	성취	봉사	직업 안정
근무 강도	영향력 행사	지식 추구	애국	금전적 보상
실내 활동	개별 활동	근무 시간	근거리	복지
회사 분위기	근무 환경	변화 지향	인정	정의 실현

111. 〈인생가치관〉 표를 보고 나의 인생에서 가장 중요한 가치 5가지를 골라보세요.

결혼	자유	권력	지혜	자신감
가정	건강	종교	운동	사랑
지식	경제	직업	매력	관계
미모	여행	화술	봉사	정의

112. 현재 나의 가치관과 나의 삶은 어느 정도 일치하나요?

---

113. 나의 이상형은 어떤 사람인가요?
(구체적으로 최소 10가지 이상 적어보세요.)

---

114. <성격을 나타내는 단어 130>을 참고하여 다음의 질문에 답해보세요.

감성적인	강인한	강한	개방적인	결단력 있는	겸손한	고지식한	고집 있는	관대한	긍정적인
까다로운	깔끔한	꼼꼼한	끈기 있는	낙천적인	낭만적인	내성적인	논리적인	느긋한	다정한
단순한	단호한	대담한	도도한	독립적인	동정적인	따뜻한	마음이 넓은	매력적인	명랑한
무뚝뚝한	민감한	민첩한	믿음직한	바른	박력 있는	발랄한	밝은	방어적인	배려하는
부끄러워하는	부드러운	부지런한	비평적인	사교적인	사랑스러운	사려 깊은	산만한	새침한	섬세한
소박한	소신 있는	솔직한	수용적인	순수한	순응적인	순종적인	순진한	신중한	싹싹한
애교 많은	양심적인	억제하는	에너지 넘치는	여유로운	열정적인	예리한	온순한	완고한	외향적인
용기 있는	용맹스러운	우유부단한	우호적인	원만한	유연한	융통성 있는	의존적인	이타적인	이해심 많은
인내심 있는	인자한	인정이 많은	자상한	자신감 있는	자유로운	자주적인	재미있는	재치 있는	적극적인
절제하는	정의로운	정적인	정직한	정확한	조용한	조화로운	주도적인	중립적인	즉흥적인
직관적인	진지한	진취적인	착한	창의적인	책임감 있는	추진력 있는	충동적인	충실한	친절한
친화적인	침착한	카리스마 있는	쾌활한	탐구적인	태평한	통찰력 있는	평화적인	합리적인	헌신적인
현명한	현실적인	협력적인	협조적인	호기심 많은	호의적인	화끈한	확실한	활기찬	활동적인

① 나를 잘 나타내는 단어 10개를 선택해보세요.

_____

_____

_____

② 나의 모습과는 거리가 먼 단어 5개를 선택해보세요.

_____

_____

_____

③ 현재 나에게는 없지만 갖고 싶은 단어 5개를 선택
해보세요.

_____

_____

_____

_____

115. 모든 질문을 마치고 나니 나는 어떤 사람인 것 같나요? 나에게 하고 싶은 말을 자유롭게 써보세요.

- 인생은 〈우연히〉 시작되기도 합니다

우연히 내 마음에 들어온 한마디의 말이
우연히 내 마음에 들어온 한순간의 선택이
우연히 내 마음에 들어온 한순간의 시작이

지금의 당신을 만들었을지 모릅니다.

시작은 우연히였지만, 실은 내 안에 있던 에너지가
온 우주를 끌어당겼는지도 모릅니다.

나를 아끼고 사랑하기에 이 책을 선택했고
또 완성할 수 있었던
당신의 그 열정과 노력에 찬사를 보내며

앞으로도 당신의 소중한 삶이 행복하고 건강하기를
진심으로 바랍니다.

- 어느 좋은 날, 우리 마음 심리 상담소에서 -

초판 1쇄 발행 2021. 1. 11.
　　5쇄 발행 2024. 1. 5.

지은이 우리마음심리상담소
펴낸이 김병호
펴낸곳 바른북스

편집진행 김재영
디자인 양헌경

등록 2019년 4월 3일 제2019-000040호
주소 서울시 성동구 연무장5길 9-16, 301호 (성수동2가, 블루스톤타워)
대표전화 070-7857-9719 | **경영지원** 02-3409-9719 | **팩스** 070-7610-9820

•바른북스는 여러분의 다양한 아이디어와 원고 투고를 설레는 마음으로 기다리고 있습니다.

이메일 barunbooks21@naver.com | **원고투고** barunbooks21@naver.com
홈페이지 www.barunbooks.com | **공식 블로그** blog.naver.com/barunbooks7
공식 포스트 post.naver.com/barunbooks7 | **페이스북** facebook.com/barunbooks7

ⓒ 우리마음심리상담소, 2024
ISBN 979-11-6545-277-3 03190